Les footballeuses

Texte de Stéphanie Ledu
Illustrations de Mathilde George

MILAN

« Hep, maman, tu fais la passe ? »
Pour jouer au **football**, il suffit d'avoir un ballon et de former deux équipes.

Enfants, adultes, garçons ou filles…
Même sans respecter les règles
d'un vrai match, **tout le monde**
peut s'amuser !

Le « foot », c'est un jeu, mais aussi un **sport**.
Inventé il y a 150 ans en Angleterre, il était pratiqué dans les écoles de **garçons**.

Et du côté des filles ? Certains pensaient que ce n'était pas une activité pour elles, et le foot leur fut même parfois **interdit** !

Vers 1970, tout change. Angleterre, France, États-Unis, Brésil : des pays déclarent que chacun peut pratiquer le sport de son **choix**. Allez, les filles !

Aujourd’hui, faire du foot, c’est plutôt facile.
Ce **club** organise une journée **portes ouvertes**. Allons voir...

La Fédération française de football encourage les filles.
Avec le **permis de jouer**, elles peuvent participer à trois séances gratuites.

Envie de s'inscrire ? À partir de 5 ans, on peut prendre sa licence.

Bravo, Leïla, te voici footballeuse… comme 160 000 autres filles dans notre pays !

Jusqu'à 13 ans, footballeuses et footballeurs s'entraînent ensemble. Chaussures à crampons et protège-tibias : l'**équipement** est le même pour tous.

D'abord, pour **s'échauffer**, les enfants courent avec le ballon, s'arrêtent en le bloquant, puis repartent…

Ensuite, l'entraîneuse propose des jeux qui permettent aux enfants d'améliorer leur **vitesse** et leur **technique**. On écoute bien ses consignes !

Au fil des séances, les exercices varient.
Faire tomber les plots, ça fait par exemple travailler la précision.

Maman tient le rôle du parent-ballon : elle va chercher les balles sorties du terrain. Sympa !

Récupérer la balle possédée par l'adversaire, c'est une des **bases** du football. Ici, pour s'exercer, un joueur doit voler le ballon des autres !

Le week-end, plusieurs clubs se retrouvent pour s'affronter lors de mini-compétitions appelées **plateaux**.

Les plus jeunes jouent sur une petite partie du terrain, les équipes comptent 5 joueurs au lieu de 11, et chaque match ne dure que 10 minutes...

Les **règles** sont **simplifiées**. Mais, petits ou grands, tous les footballeurs doivent être **fair-play**, c'est-à-dire respecter leurs coéquipiers et leurs adversaires !

Retour au club ! Les grandes filles ont leurs **vestiaires** et jouent **entre elles**. L'entraînement devient plus technique.

faire
de bonnes
passes...

tirer un pénalty...

Tous ces gestes s'apprennent
et se perfectionnent !

Devenir **championne** de foot, c'est possible ? Oui !

Une très bonne joueuse peut être sélectionnée dans un pôle espoirs. Dans ce lycée, les élèves s'entraînent cinq fois par semaine, tout en suivant leurs études.

Certaines de ces sportives rêvent d'être un jour **footballeuses professionnelles**. C'est encore un métier rare... Mais peut-être le sera-t-il moins quand tu seras grande ?

On va au **stade** ? Coupe de France, d'Europe, du monde, Jeux olympiques... À chaque nouvelle **grande compétition** de foot féminin, le public est plus nombreux dans les tribunes.

Chaque année, la **Fédération internationale de football** décerne le prix de la meilleure joueuse.

Deux Américaines, Mia Hamm et Michelle Akers, figurent aussi dans le **classement** des 125 meilleurs joueurs de foot de tous les temps. Bravo !

Bientôt le Mondial… Suivons l'équipe féminine à l'entraînement. Les **athlètes de haut niveau** réalisent les gestes les plus difficiles.

Le **coup du sombréro** permet de faire passer le ballon au-dessus de l'adversaire.

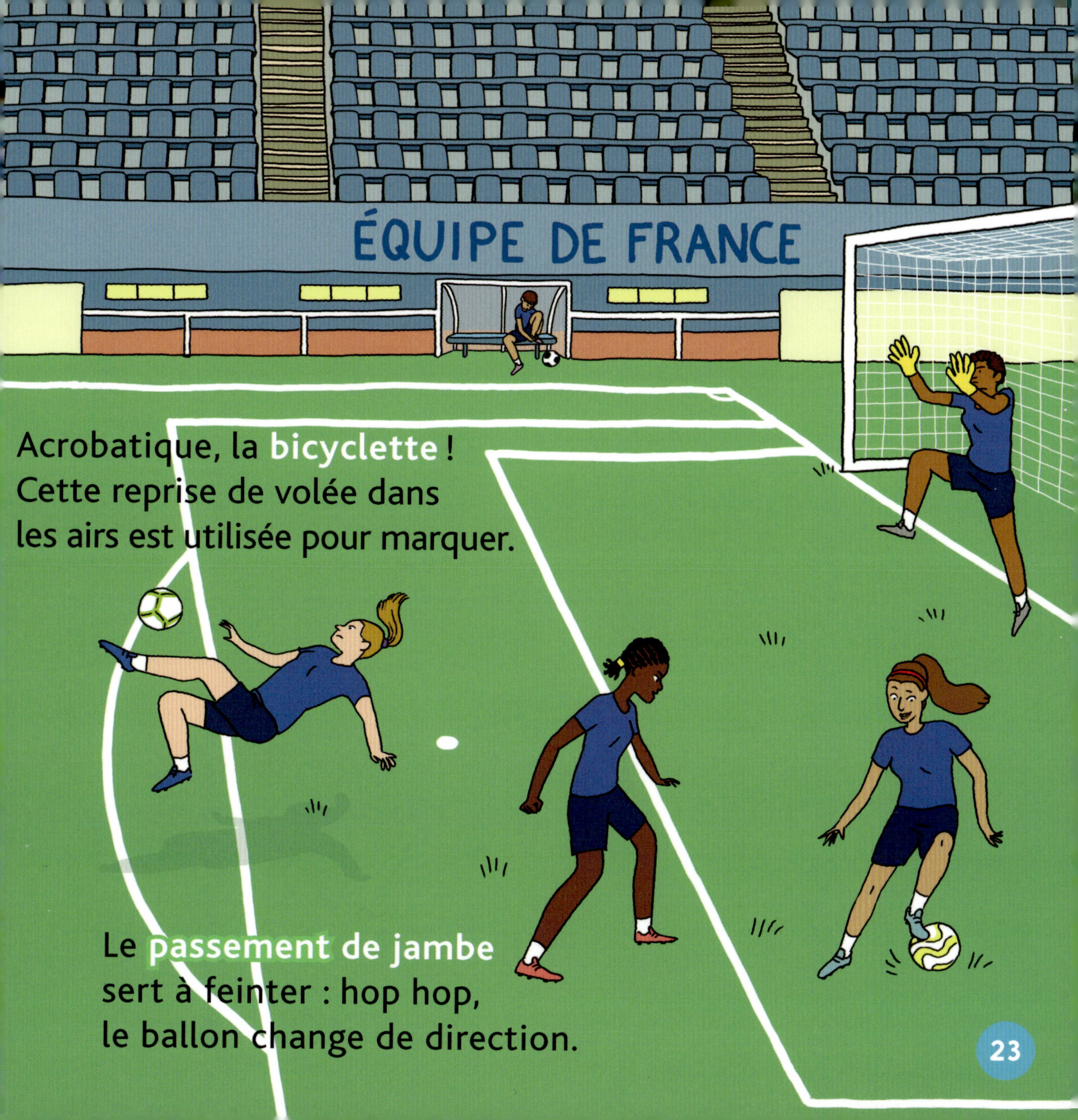

Acrobatique, la **bicyclette** !
Cette reprise de volée dans
les airs est utilisée pour marquer.

Le **passement de jambe**
sert à feinter : hop hop,
le ballon change de direction.

C'est parti pour la huitième **Coupe du monde féminine** !
Organisée en France, elle réunit 24 sélections nationales, qui vont s'affronter lors de 52 rencontres.

Seules les meilleures équipes des 6 **groupes de qualification** poursuivront l'aventure. Elles disputeront ensuite les matchs à **élimination directe** : il en restera 16, puis 8, 4… et 2 en finale !

Qui va gagner ? Lors de la **cérémonie d'ouverture**, la mascotte invite le public à encourager toutes les nations !

Quelle **ambiance** dans le grand stade !

Les **spectateurs** connaissent les règles : elles sont les mêmes pour les équipes masculines ou féminines.

Sur le terrain, les deux formations de onze joueuses essaient de **marquer** le plus de **buts**, en deux mi-temps de 45 minutes...

Le match est magnifique. Mais certaines **fautes**, comme ce tacle, sont sanctionnées d'un carton !

Voir évoluer de grandes joueuses,
ça fait naître des passions.

On fait une **partie** ? Les enfants profitent de la récré pour taper dans la balle. Une passe, deux passes… et c'est Éloïse qui **marque** !

Le football permet d'acquérir de la force, de la vitesse, d'être en forme et de se sentir sûr de soi. Toi aussi, tu as envie de jouer ?

Vis ton rêve !

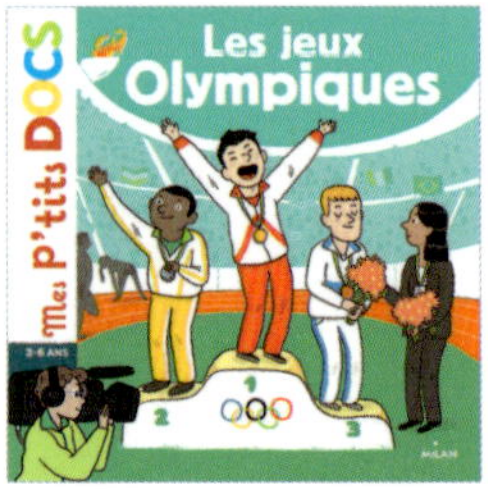
Mes p'tits DOCS
Les jeux Olympiques

Mes p'tits DOCS
Les fourmis

Mes p'tits DOCS
Les motos

Mes p'tits DOCS
Le président

Mes p'tits DOCS
Le bébé

mes p'tits docs
Le Soleil

mes p'tits docs
Les crottes

Mes p'tits DOCS
Le désert

Mes p'tits DOCS
Le yoga

Mes p'tits DOCS
La tour Eiffel

Mes p'tits DOCS
Mozart

Mes p'tits DOCS
Berlin

Mes p'tits DOCS
La poule

Mes p'tits DOCS
Le football

mes p'tits docs
L'orage

Mes p'tits DOCS
L'espace

Mes p'tits DOCS
Les poneys

mes p'tits docs
La forêt

mes p'tits docs
Les pompiers

mes p'tits docs
Les œufs

mes p'tits docs
Les pirates

mes p'tits docs
La ferme

mes p'tits docs
La Lune

mes p'tits docs
Les footballeuses

mes p'tits docs
Les chevaliers